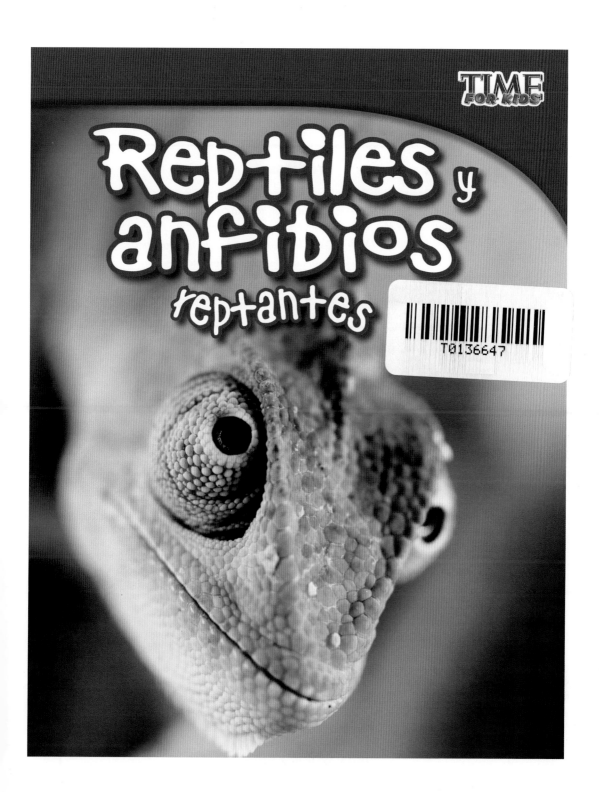

Reptiles y anfibios

reptantes

Debra J. Housel

Asesor

Timothy Rasinski, Ph.D.
Kent State University
Bill Houska, D.V.M.
James K. Morrisey, D.V.M.

Créditos

Dona Herweck Rice, *Gerente de redacción*
Lee Aucoin, *Directora creativa*
Robin Erickson, *Diseñadora*
Conni Medina, M.A.Ed., *Directora editorial*
Stephanie Reid, *Editora de fotos*
Rachelle Cracchiolo, M.S.Ed., *Editora comercial*

Créditos de las imágenes

Cover Sebastian Duda/Shutterstock; worldswildlifewonders/Shutterstock; p.4 EcoPrint/ Shutterstock; p.4-5 back: Eric Isselée/Shutterstock; p.4-5 inset: Eric Isselée/Shutterstock; p.5 dedek/Shutterstock; p.6 Cameramannz/Shutterstock; p.6 inset: Eric Isselée/Shutterstock; p.6-9, 18-19 back: Eric Isselée/Shutterstock; p.7 Lucian Coman/Shutterstock; p.8 Tom McHugh/ Photo Researchers; p.9 Hans Pfletschinger/Photo Library; p.10 mmedia/Big Stock Photo; p.10-11 back: Gladskikh Tatiana/Shutterstock; p.11 top: Trevor kelly/Shutterstock; p.11 bottom: Philippe Henry/Photo Library; p.12 John Warburton-Lee Photography/Alamy; p.12-13 back: Eric Isselée/ Shutterstock; p.13 top: iphotoworld/iStockphoto; p.13 bottom: Tony Allen/Photo Library; p.14 top: MonicaOttino/Shutterstock; p.14 bottom: kkaplin/Shutterstock; p.15 Cathy Keifer/Shutterstock; p.16 top: Jurie Maree/Shutterstock; p.16 bottom: Rudy Umans/Shutterstock; p.16-17 back: Joy Brown/Shutterstock; p.17 top: Natali Glado/Shutterstock; p.17 inset: fivespots/Shutterstock; p.17 bottom: Elizabeth Spencer/Shutterstock; p.18 Minden Pictures RM/Getty Images; p.19 top: sarah2/ Shutterstock; p.19 left: Paul Broadbent/Shutterstock; p.19 right: LesPalenik/Shutterstock; p.20 inset top: Pan Xunbin/Shutterstock; p.20 inset center: Davit Buachidze/Shutterstock; p.20 inset bottom: Educational Images LTD/Custom Medical Stock Photo CMSP Biology/Newscom; p.20 bottom: Kyodo/Newscom; p.20-21 Eric Isselée/Shutterstock; p.21 top: Joel Sartore/Getty Images; p.22-23 back: Dr. Morley Read/Shutterstock; p.23 inset: Cathy Keifer/Shutterstock; p.23 Rick Neese; p.24 worldswildlifewonders/Shutterstock; p.24-25 Eric Isselée/Shutterstock; p.25 Chris Mattison/ Alamy; p.26 left: worldswildlifewonders/Shutterstock; p.26 right: alslutsky/Shutterstock; p.26 back: G-ZStudio/Shutterstock; back cover: fivespot/ Shutterstock

Basado en los escritos de *TIME For Kids*.

TIME For Kids y el logotipo de *TIME For Kids* son marcas registradas de TIME Inc. Usado bajo licencia.

Teacher Created Materials

5301 Oceanus Drive
Huntington Beach, CA 92649-1030
http://www.tcmpub.com

ISBN 978-1-4333-4474-9
© 2012 Teacher Created Materials, Inc.
Printed in Malaysia
THU001.8399

Tabla de contenido

¿Qué es un reptil?

¿Alguna vez has visto una **serpiente** o un **lagarto** asoleándose? ¿Por qué lo hacen? Son **reptiles** y necesitan el calor del sol.

Los reptiles necesitan el calor de su **medio ambiente** para **mantener** la temperatura de su cuerpo. A diferencia tuya, los reptiles son animales **de sangre fría**.

▼ Hay más de 6,500 clases de reptiles.
Las tortugas son una de ellas.

tortuga leopardo

lagarto agama

pitón

Vertebrados

Los vertebrados son animales con columna vertebral o espina dorsal.

Tú tienes pelo y piel lisa. Los reptiles no poseen ninguna de éstas. Sus cuerpos están cubiertos por escamas secas. Sin embargo, los reptiles tienen cinco sentidos y columna vertebral, igual que tú. Son **vertebrados**, como nosotros.

Clases de reptiles

Hay cuatro grupos de reptiles.

El primer grupo incluye los lagartos. Los lagartos viven en lugares cálidos. La mayoría evita el agua, pero las iguanas marinas nadan en el mar. Las serpientes se desplazan doblando y torciendo su columna vertebral. También tienen filosos dientes llamados colmillos. Desde el desierto hasta el mar, los reptiles viven en una variedad de medio ambientes.

Los **crocodilia** tienen **extremidades** cortas y gruesas. Tanto los cocodrilos como los caimanes viven en o cerca de aguas tibias.

El tercer ojo

La tuatara tiene un tercer ojo en la parte superior de la cabeza. Este ojo únicamente puede ver luz y oscuridad.

◄ Las tuataras sólo viven en las islas cerca de la costa de Nueva Zelanda.

La tortuga del desierto
vive en lugares secos
y calientes.

Las **tortugas** marinas y las terrestres tienen caparazón. Si se sienten atacadas, meten en él la cabeza, las extremidades y la cola. Allí están a salvo, a menos que el depredador pueda romper su caparazón. Las tortugas terrestres viven en tierra. Las tortugas marinas viven en o cerca del agua. Son buenas nadadoras. Algunas incluso viven en el mar.

Las **tuataras** son el cuarto grupo de reptiles. Parecen lagartos, pero están más emparentados con los dinosaurios que cualquier otro reptil.

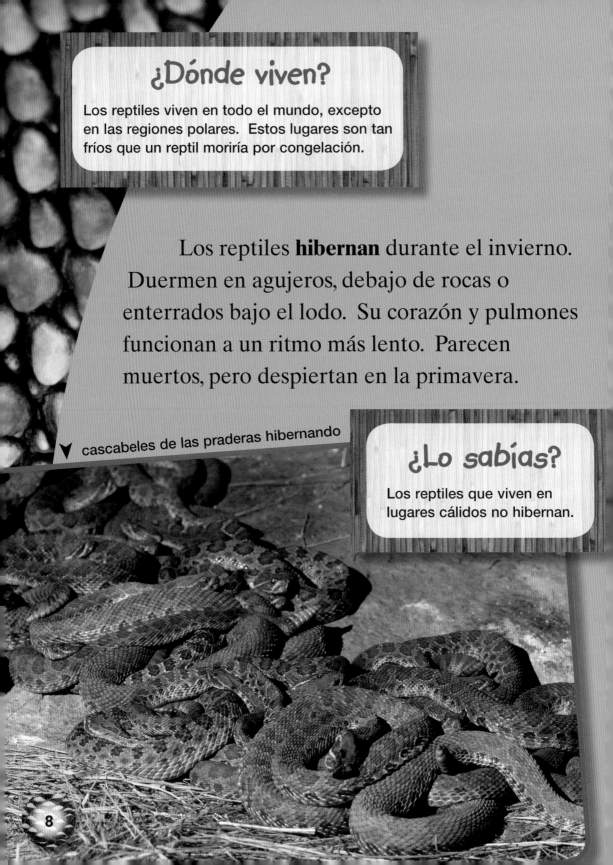

¿Dónde viven?

Los reptiles viven en todo el mundo, excepto en las regiones polares. Estos lugares son tan fríos que un reptil moriría por congelación.

Los reptiles **hibernan** durante el invierno. Duermen en agujeros, debajo de rocas o enterrados bajo el lodo. Su corazón y pulmones funcionan a un ritmo más lento. Parecen muertos, pero despiertan en la primavera.

cascabeles de las praderas hibernando

¿Lo sabías?

Los reptiles que viven en lugares cálidos no hibernan.

▼ Debajo de la piel vieja ha crecido la nueva.

¿Una nueva serpiente?

Hace mucho tiempo, la gente creía que las serpientes vivían para siempre. Pensaban que renacían cada vez que cambiaban de piel.

Los lagartos y las serpientes cambian de piel. En los lagartos, la piel se descama. En las serpientes, se desprende toda la piel.

Algunas serpientes y lagartos tienen crías vivas, pero la mayoría de los reptiles ponen huevos. Hacen un agujero en el suelo, depositan en él los huevos, los cubren y se van.

huevos de tortuga abriéndose

¿Macho o hembra?

Para algunas tortugas, la temperatura de la tierra en el nido determina si serán machos o hembras. En las partes más frías del nido nacen tortugas hembras. Los machos nacen en las partes más cálidas.

▲ huevos de cocodrilo abriéndose

Después de que ➤ nacen las crías, los caimanes hembra pueden transportarlas hasta por un año.

Pocos reptiles cuidan a sus crías, pero el cocodrilo hembra permanece cerca del nido. Cuando nacen las crías, lleva a cada una de ellas al agua. Los caimanes también protegen sus nidos.

Las serpientes son **carnívoras**, ya que comen carne. Una pitón se enrolla alrededor de un animal y lo oprime con tanta fuerza que el animal ya no puede respirar.

Algunas serpientes tienen **veneno**. Muerden a sus **presas** con sus colmillos. El veneno fluye por los colmillos y mata a la presa.

▼ Una pitón aprieta su presa para que no pueda respirar.

Tamaño extragrande

Las serpientes tragan animales enteros. Una serpiente puede desencajar las mandíbulas para tragar objetos de hasta cinco veces su tamaño. Es como si tú te tragaras la puerta de tu casa.

▲ Algunas serpientes tienen colmillos con veneno.

Lagartos

Si un animal atrapa la cola de ciertos lagartos, estos pueden desprender la cola y escapar. En la mayoría de los casos, volverá a crecer una nueva cola.

▼ Los dragones de Komodo tienen dientes muy filosos. Las bacterias en su saliva envenenan al animal lentamente durante unos días.

Estómago lleno

Si un caimán se come un animal grande, ¡puede que no vuelva a comer en tres meses!

▲ Los camaleones pueden cambiar de color.

Algunos reptiles despedazan a su presa en grandes trozos antes de tragarla. Las tortugas mordedoras parten las presas pequeñas en dos con sus afilados picos y fuertes mandíbulas. Incluso los reptiles que comen plantas, o **herbívoros**, no mastican. Usan los dientes para arrancar hojas y tallos.

Los reptiles deben protegerse de los **depredadores**. Algunas serpientes fingen estar muertas cuando son atacadas. Algunos lagartos usan **camuflaje**. Se confunden con el entorno al cambiar de color en distintas tonalidades de marrón, amarillo y verde.

Tiempo de vida de los reptiles

Cada reptil tiene cierto tiempo de vida. La mayoría de los miembros de las **especies** mueren antes de la edad indicada a continuación. Unos pocos viven más tiempo.

Tiempo de vida de los reptiles

ANIMALES

- anolis—5
- camaleón velado—5
- iguana—17
- gecko—20
- dragón de Komodo—20
- serpiente de cascabel—20
- monstruo de gila—25
- lagarto barbudo mexicano—35
- pitón bola—45
- caimán americano—50
- tuatara—100
- cocodrilo del Nilo—112
- tortuga caja—123
- tortuga marina—125
- tortuga de Galápagos—177

0   25   50   75   100   125   150   175   200

AÑOS

tortuga marina

▲ El caimán americano abunda en la región pantanosa de los Everglades de Florida.

¿Qué es un anfibio?

Los **anfibios** también son vertebrados de sangre fría. ¿En qué se diferencian de los reptiles? En que deben mantener húmeda la piel. Los anfibios nunca beben. **Absorben** agua y oxígeno por la piel.

La mayoría de los anfibios viven en o cerca de agua dulce. Los anfibios con extremidades tienen patas **palmeadas** que les ayudan a nadar. Algunos hibernan tal como lo hacen los reptiles.

La rana más grande del mundo

La rana más grande del mundo es la rana goliat, del África Occidental. Puede crecer hasta 14 pulgadas de largo y pesar más de 6 libras. ¡Sus ojos son tan grandes como los tuyos!

Los anfibios fueron los ▲ primeros vertebrados en vivir sobre la tierra.

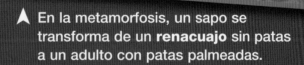

▲ En la metamorfosis, un sapo se transforma de un **renacuajo** sin patas a un adulto con patas palmeadas.

La mayoría de los anfibios cambian después de nacer. Esta transformación se llama **metamorfosis**. Metamorfosis significa cambiar de forma. Por ejemplo, las ranas y los sapos no nacen con patas palmeadas. De hecho, ni siquiera tienen patas al nacer.

Clases de anfibios

▼ Los anfibios se dividen en tres grupos. Mira.

Con cola	salamandras, tritones y proteos	
Sin cola	ranas, sapos	
Sin patas	cecilias	

Salamandras gigantes

Las salamandras gigantes de China y Japón son los anfibios más grandes. Puede medir tanto o más que tú de largo y pesar hasta 88 libras. Llegan a vivir hasta 50 años, pero la gente las mata para alimentarse de ellas. Por eso, están **en peligro de extinción**.

Las **salamandras**, los **tritones** y los **proteos** son anfibios con cola. Si pierden una pata o la cola, pueden regenerarla. La mayoría de las salamandras comienzan su vida como **larvas** en un estanque. Al igual que las ranas y los sapos, cambian con la metamorfosis. Algunas ponen huevos en la tierra. Cuando se abren, las crías parecen salamandras adultas.

tritón con manchas rojas

Los tritones y las salamandras viven debajo de rocas y rara vez salen. Los proteos viven en cuevas marinas. Parecen anguilas con cuatro pequeñas extremidades. Desarrollan pulmones sin perder las **branquias**.

Aunque inician la vida con cola, los sapos y ranas adultos la pierden. Estos animales forman el segundo grupo de anfibios.

Los sapos y las ranas nacen de huevos. Los padres se van después de depositar los huevos. La mayoría de las ranas y sapos no cuidan a sus crías.

Unas semanas más tarde, salen pequeños renacuajos. Tienen branquias y respiran bajo el agua como los peces. Permanecen en aguas poco profundas, alimentándose de pequeños insectos acuáticos.

Los renacuajos cambian en pocas semanas. Desarrollan patas y las branquias se encogen. La cola se reabsorbe lentamente en el cuerpo. Comienzan a respirar con pulmones y ya no pueden respirar bajo el agua. Las crías de ranas pasan mucho tiempo en el agua. En cambio, los sapos pequeños la abandonan para vivir en tierra.

Más acerca de los sapos

Las crías de sapos son del tamaño de los insectos. Dado que los sapos adultos comen insectos, podría pensarse que tal vez se comerían a sus crías. Pero esto no pasa. La piel de los sapos tiene un brillo que otros sapos pueden ver. Los sapos adultos saben que no deben comer cosas que brillan.

¿Sapo o rana?

¿Cómo puedes distinguir a un sapo de una rana? Los sapos tienen piel seca y verrugosa. Las ranas tienen piel lisa y brillante.

El ciclo de vida del sapo

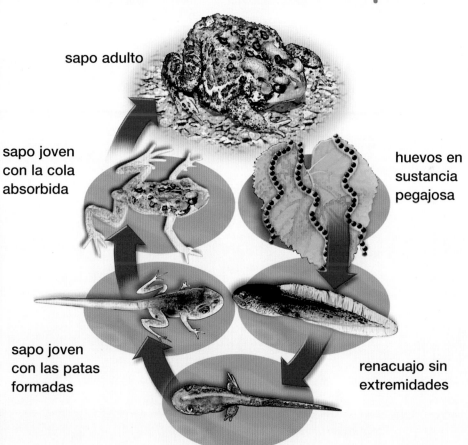

sapo adulto

sapo joven con la cola absorbida

huevos en sustancia pegajosa

sapo joven con las patas formadas

renacuajo sin extremidades

renacuajo con patas pequeñas

Los sapos hibernan para sobrevivir el verano. Cuando un sapo duerme, le crecen verrugas en la piel durante el primer invierno. Las verrugas se llenan con un líquido. Este líquido tiene mal sabor y sirve para proteger a los sapos. La mayoría de los animales escupen un sapo al probarlo. Las personas lo llaman *veneno de sapo*, pero es inofensivo.

Algunas ranas son venenosas. La colorida rana venenosa vive en América del Sur. Su piel tiene un veneno mortal.

La piel de las ranas venenosas silvestres tiene veneno.

Las **cecilias** son el tercer grupo de anfibios. Los científicos no saben mucho acerca de ellos. Viven bajo tierra en zonas tropicales húmedas y cálidas. No tienen patas y parecen grandes lombrices. Aunque tienen ojos, su vista no es muy buena.

Es muy raro que una ➤ persona logre ver una cecilia como esta.

¿Buenas mascotas?

Algunas personas tienen ranas venenosas como mascotas. Esto no siempre es peligroso. Las ranas forman el veneno a partir de los escarabajos que comen en la selva. Si las ranas no están en un ambiente silvestre donde puedan comer los escarabajos, no producen el veneno.

¿Cómo crees que sería vivir bajo tierra?
¿Estar enterrado bajo una gruesa capa de lodo?
¿Cómo sería vivir bajo el agua? ¿Tener escamas o
reptar por el suelo? Pregúntale a un reptil o anfibio.
¡Ellos saben!

camaleón pantera

rana arborícola
de ojos rojos

Glosario

absorber—obtener algo a través de la piel

anfibios—vertebrados de sangre fría que tienen piel húmeda

branquias—ranuras cerca de la cabeza que permiten a los animales respirar bajo el agua

camuflaje—características del cuerpo de un animal que le ayuda a ocultarse de sus enemigos

carnívoros—animales que sólo comen carne

cecilias—anfibios parecidos a las lombrices que pasan toda su vida bajo tierra

crocodilia—grandes reptiles carnívoros que viven cerca del agua en regiones tropicales

de sangre fría—organismo vivo cuya sangre está a una temperatura aproximadamente igual que la del agua o el aire que lo rodea

depredadores—animales que cazan, matan y comen otros animales

en peligro de extinción—en riesgo de desaparecer para siempre

especie—grupo de animales o plantas similares

extremidades—partes que se extienden del cuerpo de un animal y que se utilizan para moverse o sujetar, como los brazos y las piernas

herbívoros—animales que sólo comen plantas

hibernar—pasar el invierno en estado de reposo

lagarto—reptil que vive en regiones cálidas y que por lo general tiene cuatro extremidades

larva—forma que algunos anfibios tienen antes de transformarse en su forma adulta

mantener—conservar igual

medio ambiente—entorno

metamorfosis—cambio notable o de gran magnitud en el aspecto de algo, en lo que hace, o en cómo está compuesto

palmeado—dedos unidos entre sí por una membrana delgada

presa—cualquier animal que es cazado, matado y comido por otro animal

proteo—anfibio que tiene branquias y pulmones, extremidades pequeñas y cola

renacuajo—cría de sapo o rana que tiene cabeza, branquias y cola, y sólo puede vivir en el agua

reptiles—vertebrados de sangre fría que tienen la piel cubierta por escamas

salamandra—anfibio que parece un lagarto pero que tiene la piel lisa y húmeda

salmonela—bacteria que puede causar enfermedades en los seres humanos y que en ocasiones está presente en los reptiles

serpiente—reptil sin extremidades que se desplaza usando su columna vertebral flexible

tortuga—reptil con caparazón que por lo general vive en o cerca del agua

tritón—pequeña salamandra que pasa toda su vida en el agua

tuatara—reptil parecido a un lagarto que está emparentado con los dinosaurios

veneno—sustancia tóxica de los colmillos que algunas serpientes inyectan a sus presas

vertebrados—animales que tienen columna vertebral (espina dorsal)

Índice